**MI CUERPO Y YO**

TEXTOS: CHICOS.NET

ILUSTRACIONES Y DISEÑO: MARIA LAURA DEDÉ

el gato de hojalata

CUANDO ULISES ERA CHIQUITO, NO LE GUSTABA BAÑARSE.
LA MAMÁ Y EL PAPÁ LE LLENABAN LA BAÑERA TODAS LAS TARDECITAS...
PERO ÉL SIEMPRE BUSCABA ALGUNA EXCUSA:

¡ESTÁ MUY FRÍA!

¡ESTÁ MUY CALIENTE!

¡ESTÁ MUY LLENA!

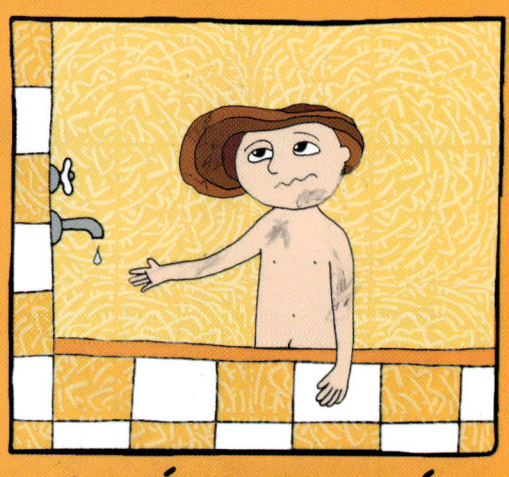

¡ESTÁ MUY VACÍA!

¡NO ME QUIERO BAÑAR!

TERMINABA PROTESTANDO ULISES.

NO ES QUE NO LE GUSTARA EL AGUA,
PORQUE CUANDO IBA CON SU FAMILIA A LA PILETA O A LA PLAYA,
ÉL ERA EL PRIMERO EN DARSE UN CHAPUZÓN.
PERO LA BAÑERA NO ERA LO MISMO...

"¿POR QUÉ SIEMPRE ME TENGO QUE BAÑAR CUANDO ESTOY JUGANDO?
—PENSABA ULISES—
¿O JUSTO CUANDO ESTOY VIENDO MI PROGRAMA FAVORITO?".

UN DÍA, EN EL JARDÍN, LA MAESTRA DE ULISES LES EXPLICÓ A LOS CHICOS QUE ERA MUY IMPORTANTE BAÑARSE Y LAVARSE LA CABEZA PARA ESTAR BIEN SANOS.

ADEMÁS, CUANDO ESTAMOS LIMPITOS TENEMOS MÁS RICO OLOR
¡Y HASTA NOS VEMOS MÁS LINDOS!

EN SU CASA, ULISES SE MIRÓ AL ESPEJO.
TAMBIÉN SE MIRÓ LAS MANOS Y SE DIO CUENTA
DE QUE ESTABAN MUY SUCIAS.

¡NO QUIERO SER MÁS TU AMIGA!

DE REPENTE, SE ACORDÓ DEL DÍA EN QUE LE MANCHÓ EL DIBUJO A LUCILA, UNA NENA QUE VIVE EN LA CASA DE AL LADO.

ULISES PENSÓ QUE YA ERA TIEMPO DE ANIMARSE Y DARSE UN BUEN BAÑO. LA LLAMÓ A SU MAMÁ Y LE PIDIÓ QUE LE LLENARA LA BAÑERA. ESTA VEZ ESTABA DISPUESTO A HACERLO.

PERO NO LE RESULTÓ TAN FÁCIL...
CUANDO ESTABA POR PONER EL PIE EN EL AGUA,
EMPEZÓ OTRA VEZ CON VUELTAS:

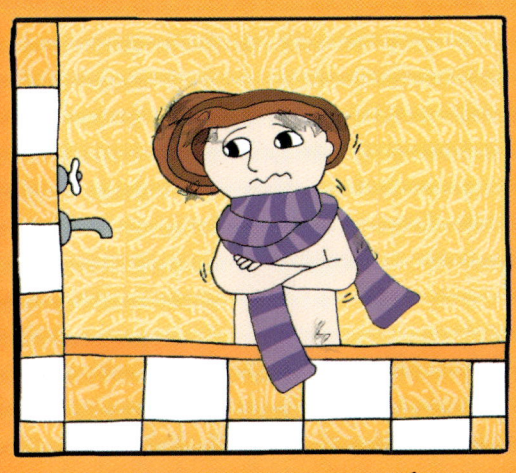

¡ESTÁ MUY FRÍA!

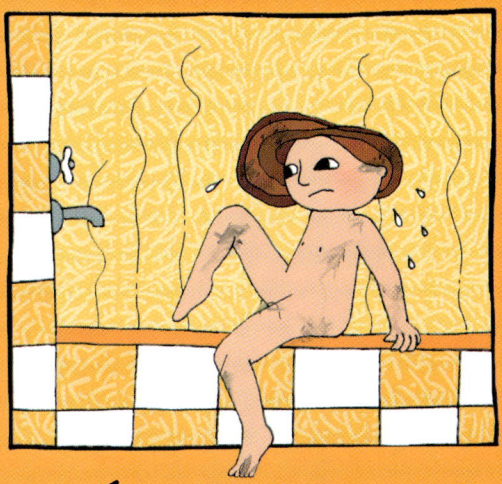

¡ESTÁ MUY CALIENTE!

¡ESTÁ MUY LLENA!

¡ESTÁ MUY VACÍA!

LA MAMÁ, PARA AYUDARLO, LE PROPUSO LLEVAR ALGÚN JUGUETE AL BAÑO. "ASÍ –LE EXPLICÓ ELLA– VA A SER MÁS DIVERTIDO".

"QUIERO MI PELOTA TAMBIÉN EL OSO Y LOS PATOS"

PERO PARECE QUE NO ERA SUFICIENTE.

# QUIERO

|  |  |  |
|---|---|---|
| MI AVIONCITO | LOS CUBOS | MI MUÑECO |
| EL TRICICLO | LA JIRAFA | UN BALDE |
| EL CASTILLO | MI DINOSAURIO | ¡Y QUE SE BAÑE CONMIGO MI PERRITO! |

PERO TAMPOCO ALCANZABA.

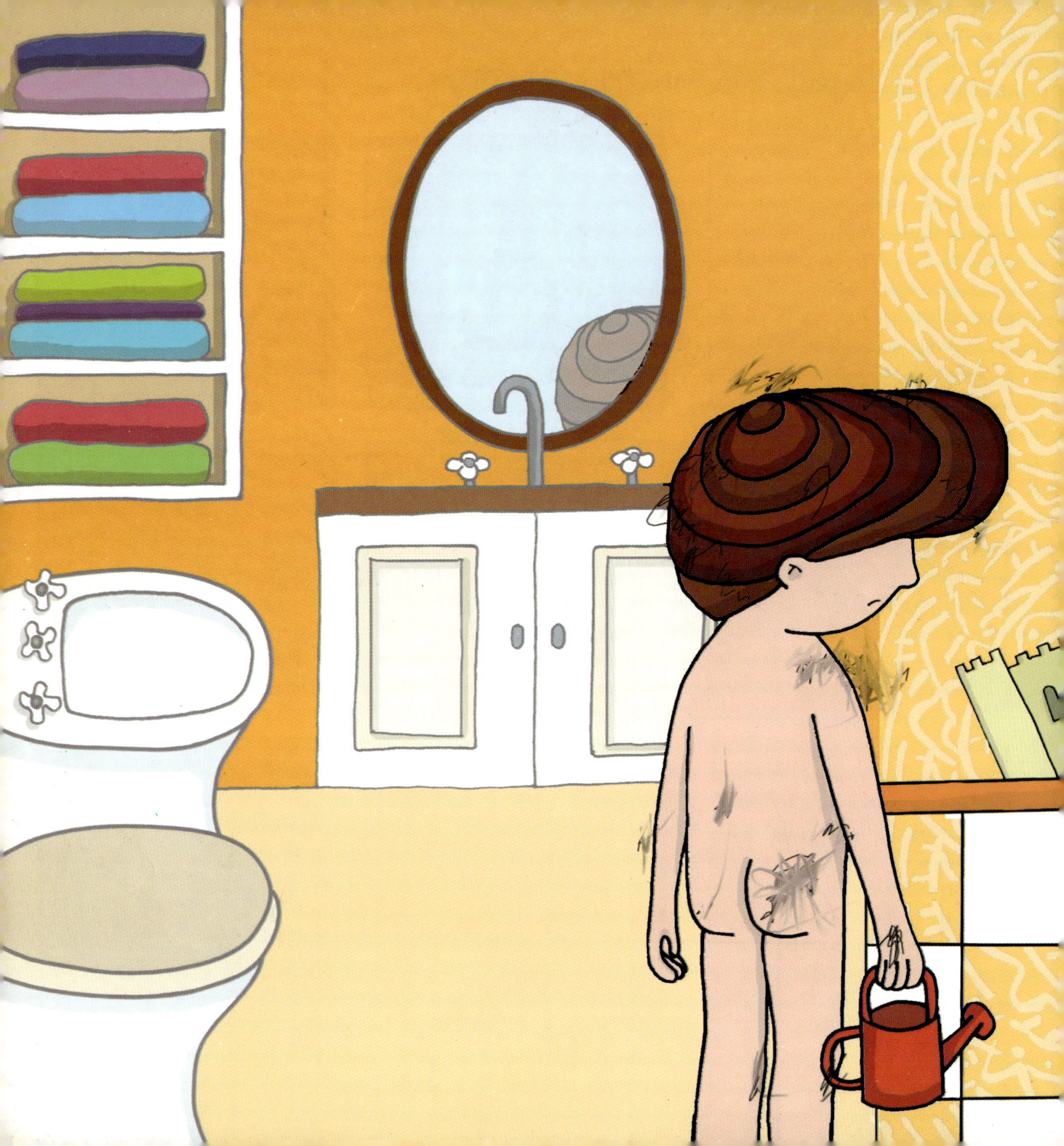

HASTA QUE, CON TANTOS JUGUETES,
¡YA NO ENTRABA ULISES!

A AYELÉN, SU HERMANITA,
QUE ESTABA MIRANDO TODO,
SE LE OCURRIÓ QUE ELIGIERA ALGUNOS
Y SACARA OTROS.

ULISES SIGUIÓ SU CONSEJO
HASTA QUE PUDO HACERSE UN LUGAR
EN LA BAÑERA.
Y ENTRÓ.

SE DIO UN BAÑO LARGUÍSIMO.
ENJABONÓ A SUS MUÑECOS
Y TAMBIÉN ENJABONÓ SU PROPIO CUERPO.
LE LAVÓ LA CABEZA A SU OSO
Y SU MAMÁ SE LA LAVÓ A ÉL.

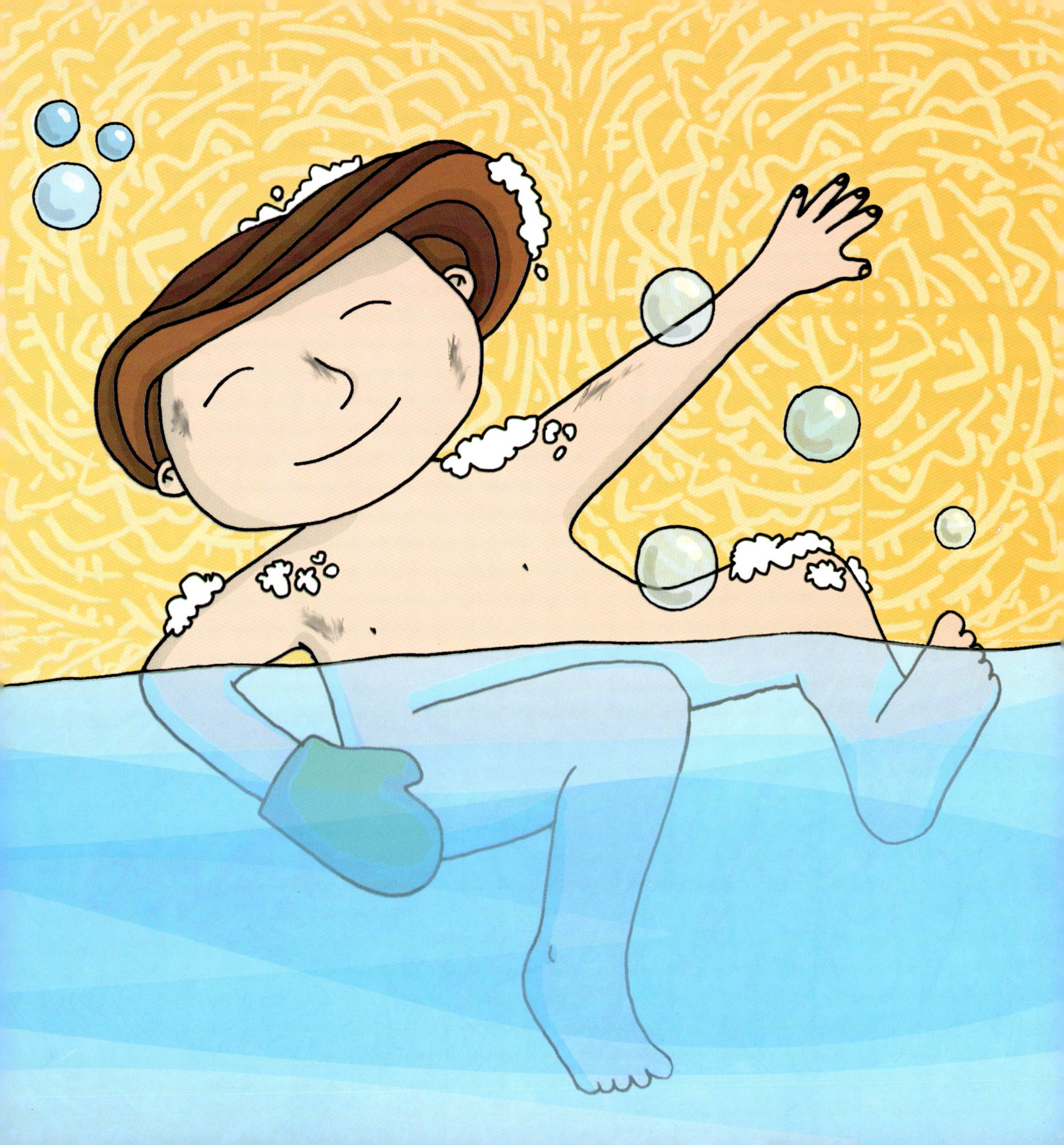

AHORA SÍ QUE ESTABA BIEN LIMPIO.

ESTA VEZ, CUANDO SE MIRÓ AL ESPEJO, SE SONRIÓ.
LE GUSTÓ VERSE TAN LINDO.

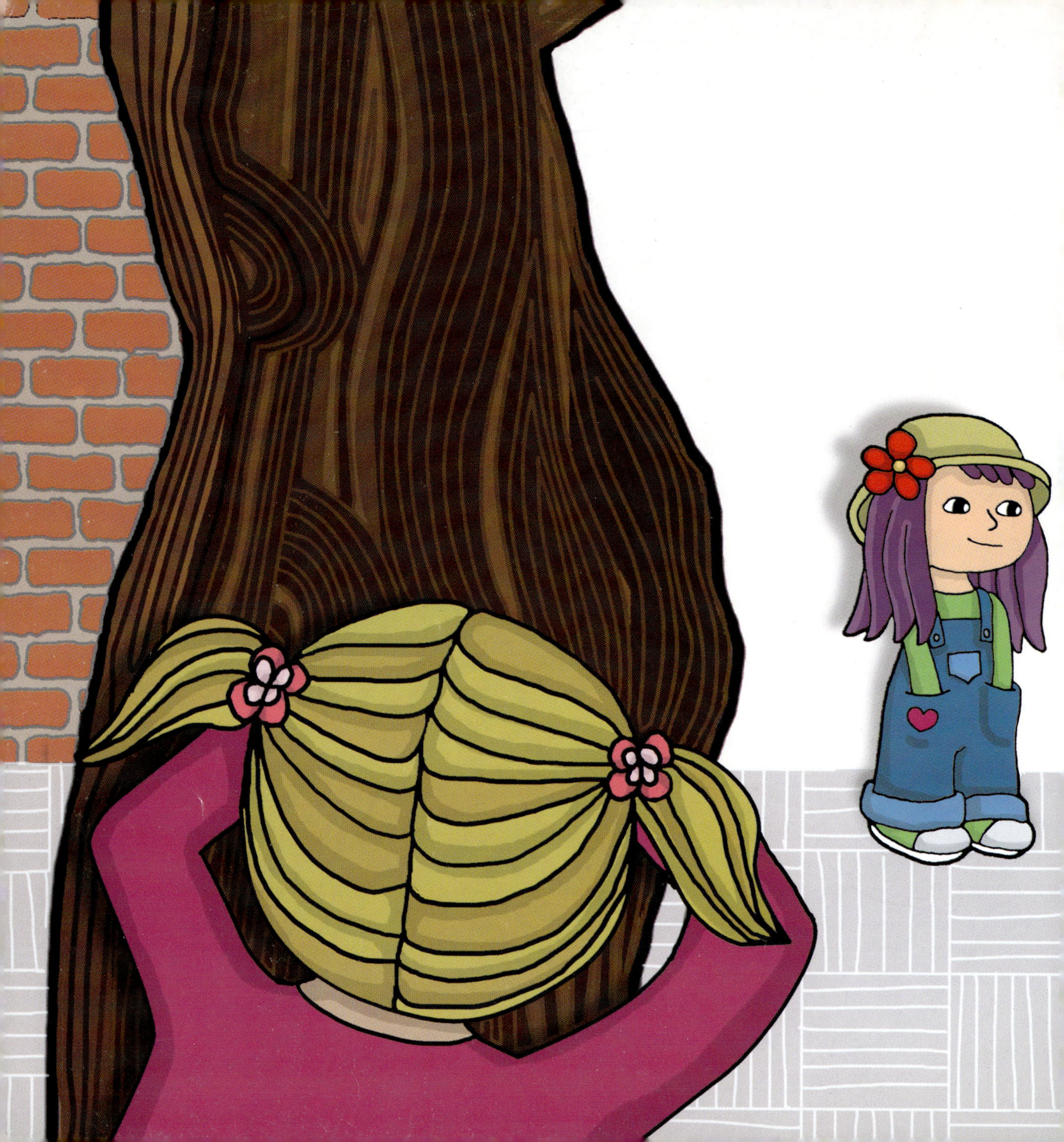

SALIÓ A LA CALLE Y SE DIVIRTIÓ CON SUS AMIGOS.
JUGARON A LAS ESCONDIDAS, A LA MANCHA Y TAMBIÉN A LA RAYUELA.

DESPUÉS DE JUGAR UN RATO, ULISES INVITÓ A TODOS LOS CHICOS A SU CASA PARA TOMAR LA MERIENDA.

Y CUANDO FUERON A LA MESA, LUCILA SE SENTÓ A SU LADO.